A1 — **DÉBUTANT**

Isabelle Chollet
Jean-Michel Robert

ORTHOGRAPHE PROGRESSIVE DU FRANÇAIS

CORRIGÉS

2ᵉ édition
avec 430 exercices

www.cle-international.com

SOMMAIRE

1. A ou Â ? 3
2. I ou Î ? 3
3. O ou Ô ? 3
4. AU ou EAU ? 3
5. U ou Û ? 4
6. OU ou OÙ ? 4
7. É ou ER ? 4
8. È ou Ê ? 5
9. AI ou EI ? 5
10. EU ou OEU ? 6
11. OI ou OY ? 6
12. La lettre E 6
13. La lettre Y 7
14. À et OÙ 8
15. IN ou UN ? 8
16. AIN ou EIN (IEN) ? 8
17. ON ou OM ? 9
18. AN ou EN ? 9
19. L'apostrophe 9
20. P ou PP ? 10
21. F ou PH ? 10
22. F ou FF ? 11
23. T ou TH ? 11
24. T ou TT ? 11
25. R ou RR ? 12
26. M ou MM ? 12
27. N ou NN ? 12
28. L ou LL ? (1) 13
29. L ou LL ? (2) 13
30. J ou G ? 13
31. G ou GU ? 14
32. C ou QU ? 14
33. C ou Ç ? 15
34. C ou S ? 15
35. S ou SS ? 15
36. S ou Z ? 16
37. CC et X 16
38. Devant IE, ION, IEN, : C, S ou T ? 16
39. La lettre H 17
40. Les consonnes finales non prononcées (1) : le S 17
41. Les consonnes finales non prononcées (1) : le T 17
42. Les consonnes finales non prononcées (1) : C, D, F, G, L, P, R et X 18
43. Le présent (1) 18
44. Le présent (2) 18
45. Le présent (3) 19
46. Le passé composé 19
47. Le futur simple 19
48. Le féminin des noms 20
49. Le féminin des adjectifs (1) 20
50. Le féminin des adjectifs (2) 20
51. Le pluriel des noms 21
52. Le pluriel des adjectifs 21
53. QUEL(S), QUELLE(S) ou QU'ELLE(S) ? 21
54. Les nombres 22
55. La lettre M devant M, B et P 22
56. -(S)SION ou -TION ? 22
57. Les adjectifs de nationalité 23
58. Les noms d'origine étrangère 23
59. Les mots invariables (1) 23
60. Les mots invariables (2) 24
61. Les exceptions 24

Corrigés des bilans 24

© CLE International, SEJER 2019
ISBN 978-209-038459-8

Chapitre 1, A ou Â ?

Exercices p. 7

1 1. place – 2. arbre – 3. pas – 4. acteur – 5. message – 6. aller – 7. sac – 8. gare – 9. lac – 10. tarte – 11. rat.

2 mal – à – l'estomac ; médicament – avant – repas ; D'accord ; pas – chocolat.

3 1. bâtiment – 2. fâchés – 3. châtain – 4. château – 5. théâtre.

4 1. Un ananas – 2. Un gâteau – 3. Une carotte – 4. Un bras – 5. Une caméra.

Chapitre 2, I ou Î ?

Exercices p. 9

1 1. clinique – 2. cuisine – 3. merci – 4. dire – 5. midi – 6. ici.

2 1. Un fruit – 2. Le prix – 3. La nuit – 4. Une maladie – 5. Gris – 6. Minuit – 7. Midi – 8. Mon chéri – 9. Gentil – 10. Tant pis – 11. Lundi – 12. Mercredi – 13. Un lit – 14. Du riz – 15. La boulangerie – 16. La pluie – 17. Une souris – 18. Mon mari – 19. La sortie – 20. Le permis.

3 Boîte – Chaise – Chaîne – Dîner – Dictée.

4 1. Une boîte – 2. Un pays – 3. Une chaîne – 4. Un pyjama – 5. Une bicyclette.

Chapitre 3, O ou Ô ?

Exercices p. 11

1 1. important – 2. monument – 3. moto – 4. autoroute – 5. océan.

2 1. studio – 2. mot – 3. dos – 4. météo – 5. Bravo – 6. Vos – 7. maillot – 8. idiot – 9. pot – 10. kilo.

3 1. voir – 2. boire – 3. devoir – 4. bonsoir – 5. loin – 6. besoin – 7. moins – 8. envoyer – 9. nom – 10. mon.

4 1. d. chose – 2. c. joli – 3. a. hôtel – 4. b. rôti.

Chapitre 4, AU ou EAU ?

Exercices p. 13

1 1. automne – 2. aubergine – 3. aujourd'hui – 4. auteur – 5. autrefois.

2   1. au – 2. aux – 3. aux – 4. aux – 5. au.

3   1. Des journaux – 2. Des hôpitaux – 3. Des animaux – 4. Des généraux – 5. Des cristaux – 6. Des services spéciaux – 7. Des chèques postaux – 8. Des exercices oraux – 9. Des saluts amicaux – 10. Des vols internationaux.

4   1. château – 2. cadeau – 3. drapeau – 4. bureau – 5. eau – 6. oiseau. – *Mot à découvrir* : chapeau.

5   beau – chaud – manteau – chapeau – au – restaurant – nouveau – veau – sauce – beaucoup – faut.

Chapitre 5, U ou Û ?

Exercices p. 15

1   1. Le bus. – 2. La fusée. – 3. La voiture.

2   1. minutes – 2. musée – 3. lunettes – 4. amusant – 5. lune – 6. murs – 7. utile.

3   1. futur – 2. sud – 3. plus – 4. minuscule – 5. sur.

4   1. jus – 2. flûte – 3. occupé – 4. dû – 5. sûr – 6. excuse.

5   Alexandre Dumas (dû / ma).

Chapitre 6, OU ou OÛ ?

Exercices p. 17

1   2. La joue – 3. La bouche – 4. Le cou.

2   1. blousons – 2. couleur – 3. rouge – 4. goût – 5. coûte – 6. douze.

3   1. Correct – 2. Incorrect – 3. Incorrect – 4. Correct.

4   1. tous – 2. toute – 3. Tout – 4. toutes.

5   Bonjour (bon / jour).

Chapitre 7, É ou ER ?

Exercices p. 19

1   1. supermarché – 2. café – 3. léger – 4. cinéma – 5. dernier.

2   1. ouvrier – 2. cuisinier – 3. boulanger – 4. couturier – 5. policier.

3   1. Le cerisier – 2. Le bananier – 3. Le pommier – 4. Le poirier.

- **4** 1. Interdiction de fumer – 2. Interdiction de tourner à droite – 3. Il est interdit de photographier.
- **5** Océan (o / c / an).

Exercices p. 21

- **1** 1. arrivé – 2. parler – 3. étudié – 4. rencontré – 5. communiquer – 6. visité – 7. retourner – 8. invité.
- **2** 1. passée – 2. arrêtée – 3. rester – 4. allée – 5. rencontré – 6. promenés – 7. rentrée – 8. réveiller.
- **3** 1. égalité – 2. liberté – 3. bonté – 4. vérité – 5. beauté – 6. spécialité.
- **4** 1. charcutier – 2. amitié – 3. métier – 4. entier – 5. moitié.
- **5** La vérité (v / riz / thé).

Chapitre 8, È ou Ê ?

Exercices p. 23

- **1** 1. D ; E – 2. F ; A – 3. C – 4. B
- **2** 1. infirmière – 2. légère – 3. première – 4. ouvrière – 5. dernière.
- **3** 1. frère – 2. forêt – 3. arrêt – 4. bière – 5. Noël ; rêve.
- **4** 1. prêt – 2. près – 3. près – 4. prêts.

Chapitre 9, AI ou EI ?

Exercices p. 25

- **1** 2. Une chaise – 3. Du raisin – 4. Des fraises.
- **2** 1. Le dictionnaire – 2. Le documentaire – 3. L'anniversaire – 4. Le frigidaire – 5. L'annuaire.
- **3** 1. paraît – 2. connais – 3. Polonais, Anglais – 4. cocktail – 5. plaît.
- **4** 1. sait – 2. faire – 3. Mais ; ses – 4. lait – 5. mettre.
- **5** 1. français – 2. conseillez – 3. meilleur – 4. claires – 5. grammaire – 6. fait – 7. Treize.

Exercices p. 27

- **1** 1. fais – 2. étudiais – 3. était – 4. vais – 5. pourrait.
- **2** 1. étais – 2. connais ; connaît – 3. paraît – 4. fait – 5. aimerais – 6. faudrait – 7. plaît.

3   **1.** j'irai – **2.** J'ai – **3.** j'arriverai – **4.** serais ; pouvais.

4   **1.** faisait – **2.** étaient – **3.** avait – **4.** seraient – **5.** fallait ; avaient.

5   Je **voudrais** aller à Marseille la semaine prochaine, mais je ne **sais** pas si **c'est** possible. Hier, tous les vols **étaient** complets. **J'ai** demandé les horaires de train, on m'a répondu qu'il n'y **avait** plus de place. Si je ne peux pas y aller en train ou en avion, je **ferai** de l'auto-stop.

Chapitre 10, EU ou ŒU ?

Exercices p. 29

1   **1.** serveuse – **2.** sérieuse – **3.** vendeuse – **4.** curieuse – **5.** heureuse – **6.** meilleure – **7.** généreuse – **8.** danseuse.

2   **1.** paresseux – **2.** bleu – **3.** couleurs – **4.** mieux – **5.** facteur – **6.** neveu.

3   **1.** sœur – **2.** agriculteur – **3.** bœufs – **4.** beurre – **5.** déjeuner ; eux.

4   **1.** Une fleur – **2.** Un œil – **3.** Des œufs – **4.** Un cœur.

5   Le chasseur (chat / sœur).

Chapitre 11, OI ou OY ?

Exercices p. 31

1   **1.** Un toit – **2.** Une voiture – **3.** Une boîte – **4.** Une poire.

2   **1.** froid – **2.** roi – **3.** mademoiselle – **4.** doigts – **5.** trois – **6.** voyelles – **7.** bonsoir.

3   **1.** chinoise – **2.** voyage – **3.** envoyé – **4.** poissons – **5.** pois – **6.** voyez.

4   **1.** nettoyez – **2.** J'emploie – **3.** croyez – **4.** vois – **5.** crois.

5   Le croissant (croix / cent).

Chapitre 12, La lettre E

Exercices p. 33

1   **1.** ce – **2.** se – **3.** se – **4.** se – **5.** Ce – **6.** Ce – **7.** se – **8.** ce.

2   **1.** se – **2.** se – **3.** s' – **4.** Ce – **5.** se – **6.** Ce – **7.** C' – **8.** se.

3   **1.** demain – **2.** devant – **3.** se lever – **4.** petit – **5.** au revoir.

- **4**   1. lundi – 2. mardi – 3. mercredi – 4. vendredi – 5. samedi.
- **5**   Une semaine (ce / mai / ne).

Exercices p. 35

- **1**   1. cheminée – 2. verre – 3. fumée – 4. noire – 5. mère.
- **2**   1. noir – 2. rouge – 3. gris – 4. jaune – 5. bleu – 6. orange.
- **3**   1. anniversaire – 2. célibataire – 3. lettre – 4. adresse – 5. téléphone – 6. amie.
- **4**   1. parfumerie – 2. pharmacie – 3. librairie – 4. boulangerie.
- **5**   1. Taureau – 2. Vierge – 3. Balance – 4. Sagittaire – 5. Capricorne – 6. Verseau.

Exercices p. 37

- **1**   1. Une rue – 2. La pluie – 3. Une cheminée.
- **2**   1. bonté – 2. lycée ; université – 3. année ; santé – 4. journée.
- **3**   1. ami – 2. librairie – 3. philosophie – 4. vie – 5. Merci – 6. boulangerie – 7. midi.
- **4**   1. bienvenue – 2. revu – 3. vue – 4. menu – 5. venu.
- **5**   1. jolie – 2. triste – 3. chérie – 4. facile – 5. désolée.

Exercices p. 39

- **1**   1. sept – 2. fer – 3. vers – 4. Cet – 5. verre – 6. mer.
- **2**   1. Hier – 2. Liberté – 3. vert – 4. ciel.
- **3**   1. nette – 2. actuelle – 3. chère – 4. cette – 5. fière.
- **4**   1. pessimiste – 2. Quelle – 3. italienne – 4. Terre – 5. lunettes.
- **5**   2. Le nez – 3. Les pieds – 4. Le poulet – 5. Le paquet.

Chapitre 13, La lettre Y

Exercices p. 41

- **1**   1. Physique – 2. Chimie – 3. Histoire – 4. Gymnastique – 5. Analyse.
- **2**   1. Si – 2. s'y – 3. si – 4. si.
- **3**   1. n'y – 2. ni – 3. n'y – 4. n'y.

④ 1. yeux – **2.** pyjama – **3.** crayons – **4.** pays – **5.** stylo.

⑤ La Syrie (scie / riz).

Chapitre 14, À et OÙ

Exercices p. 43

① 1. a – **2.** à – **3.** a – **4.** à ; a ; à – **5.** à – 6 a ; à – **7.** à.

② 1. la – **2.** là-bas – **3.** la ; la – **4.** celle-là – **5.** la ; la ; là – **6.** la.

③ 1. D'où – **2.** où – **3.** ou – **4.** où – **5.** ou. – **6.** où.

④ 1. Est-ce que je pourrais parler à Pierre ou à Madeleine ? – **2.** Pierre n'est pas là aujourd'hui, je ne sais pas où est Madeleine. – **3.** Voilà deux heures que je la cherche.

Chapitre 15, IN ou UN ?

Exercices p. 45

① 1. cousin – **2.** voisin – **3.** printemps – **4.** juin – **5.** raisin.

② 1. vingt – **2.** mince – **3.** intéressant – **4.** Enfin – **5.** jardin.

③ 1. indiscret – **2.** inutile – **3.** informel – **4.** incorrect – 5. inacceptable – **6.** impossible – **7.** insensible – **8.** incertain – 9. inconscient – **10.** inefficace.

④ 1. fins – **2.** bruns – **3.** parfum – **4.** imparfait – **5.** intelligent.

⑤ 1. commun – **2.** chacun – **3.** fin – **4.** dessin – **5.** lundi – **6.** infirmier – 7. indiquer – **8.** distinguer – **9.** quelqu'un – **10.** marin.

Chapitre 16, AIN ou EIN (IEN) ?

Exercices p. 47

① 1. châtain – **2.** demain – **3.** train – **4.** pain.

② 1. copain – **2.** humain – **3.** saint – **4.** ceinture – **5.** frein – **6.** peintre – **7.** plein.

③ 1. américain – **2.** mexicain – **3.** norvégien – **4.** italien – **5.** cubain.

④ 1. musicien – **2.** bien – **3.** rien – **4.** bientôt – **5.** Combien.

⑤ 1. faim – **2.** italien ; viens – **3.** plein – **4.** certain.

Chapitre 17, ON ou OM ?

Exercices p. 49

1 1. jambon – 2. marron – 3. chanson – 4. longtemps – 5. boisson – 6. façon – 7. annoncer – 8. garçon – 9. pardon – 10. champion.

2 1. condition – 2. prononciation – 3. lion – 4. content – 5. avion – 6. non.

3 font – vont – ont – sont – sommes – habitons.

4 1. nombre – 2. prénom – 3. canon – 4. pronom ; nom – 5. annonces – 6. prononciation.

5 1. sombre – 2. complet – 3. nom – 4. compter – 5. pompier. – *Mot vertical* : prénom.

Chapitre 18, AN ou EN ?

Exercices p. 51

1 1. tante – 2. ancien – 3. maman – 4. grand – 5. enfant – 6. blanc.

2 1. passionnant – 2. étonnant – 3. amusant.

3 1. rendez-vous – 2. ascenseur – 3. argent – 4. vêtements – 5. lentement – 6. Avant – 7. Pendant – 8. tant.

4 1. dent – 2. an – 3. tente – 4. cent – 5. en.

5 1. expérience – 2. ordonnance – 3. ranger – 4. essence – 5. inventer – 6. naissance – 7. urgence – 8. étrange – 9. abandonner – 10. vendre – 11. souvent – 12. gens – 13. demander – 14. commander – 15. comprendre.

Chapitre 19, L'apostrophe

Exercices p. 53

1 1. l'anniversaire – 2. l'école – 3. l'élève – 4. l'informaticienne – 5. l'immeuble – 6. l'océan – 7. l'orange – 8. l'université.

2 1. l'allemand et l'italien – 2. le yoga – 3. l'examen – 4. l'été – 5. l'Est – 6. la Hongrie et la Yougoslavie.

3 1. C'est – 2. j'étais – 3. Je connais ; j'y – 4. Est-ce – 5. c'est.

4 1. m'a – 2. t'inquiète ; te répondre – 3. m'inquiète ; se passe – 4. s'est.

5 1. l' – 2. l' – 3. le – 4. l' / la .

Exercices p. 55

1 1. nous n'allons pas en Bretagne – **2.** je n'étudie pas l'italien – **3.** je n'ai pas de problèmes avec mes voisins – **4.** il n'aide pas souvent ses amis – **5.** elle n'invite pas sa sœur.

2 1. je n'en ai pas – **2.** elle n'y habite pas – **3.** je n'y travaille pas – **4.** je n'en veux pas.

3 1. d'Espagne – **2.** d'Allemagne – **3.** de Hongrie – **4.** de Yougoslavie – **5.** d'Italie – **6.** d'Angleterre – **7.** de Hollande.

4 1. beaucoup d'argent – **2.** beaucoup d'humour – **3.** peu d'amis – **4.** un kilo de haricots – **5.** plus d'eau minérale.

5 1. qu'une – **2.** jusqu'à – **3.** parce qu'un – **4.** qu'il ; lorsqu'il – **5.** qu'il.

Corrigés Bilan (Voyelles) p. 24.

Chapitre 20, P ou PP ?

Exercices p. 63

1 1. Un poisson – **2.** Un parapluie – **3.** Un papillon – **4.** Un piano.

2 1. prune – **2.** pêche – **3.** pamplemousse – **4.** poire – **5.** papaye.

3 1. accepté ; appartement – **2.** déposez ; enveloppe – **3.** comparez ; opérations – **4.** apprécierais ; rapportes – **5.** compagnie ; beaucoup ; développée – **6.** copain ; apprend – **7.** appuyez ; trop – **8.** oppose ; départ – **9.** repasser ; jupe – **10.** équipe ; championnat.

4 1. stopper – **2.** grappe – **3.** grippe – **4.** frappez – **5.** zapper.

Chapitre 21, F ou PH ?

Exercices p. 65

1 1. Du café – **2.** Des œufs – **3.** De la confiture – **4.** Un yaourt à la fraise.

2 1. filles – **2.** fin – **3.** froid – **4.** neuf – **5.** soif.

3 che_f_s.

4 1. Afrique – **2.** girafes ; éléphants – **3.** photos – **4.** film.

5 1. faculté – **2.** alphabet – **3.** orthographe – **4.** phonétique – **5.** informations.

6 Une photo (faux / tôt).

Chapitre 22, F ou FF ?

Exercices p. 67

1 1. féminin – 2. futur – 3. adjectif – 4. imparfait.

2 2. Une fenêtre – 3. Un buffet – 4. Des fleurs – 5. Un fauteuil – 6. Une affiche.

3 1. défendre – 2. difficile – 3. fermer – 4. différent – 5. affirmatif ou positif.

4 1. africaine – 2. informatique – 3. difficultés – 4. efforts – 5. chauffé – 6. enfin ; offrir.

5 Un buffet (bu / fait).

Chapitre 23, T ou TH ?

Exercices p. 69

1 1. tante – 2. train – 3. tasse – 4. trouver – 5. tableau – 6. télévision.

2 exact.

3 1. part – 2. lit – 3. boit – 4. écrit – 4. voit – 5. doit – 6. veut – 7. est.

4 1. thé – 2. déteste – 3. lait ; citron – 4. Nature ; bibliothèque – 5. théâtre ; littérature – 6. intéressant – 7. début – 8. photo ; auteur ; sympathique.

5 1. La cathédrale de Chartres – 2. Le Mont-Saint-Michel – 3. La tour Eiffel

Chapitre 24, T ou TT ?

Exercices p. 71

1 2. Une assiette – 3. Une fourchette – 4. Des lunettes – 5. Une serviette.

2 Chez **Juliette**, il y a une grande **fête**. Christian est **invité**. Il fait très **attention** à sa façon de s'habiller. D'abord une chemise de **coton** sur un **pantalon** gris. Ensuite des **chaussettes** blanches et des **bottes** noires. Doit-il **mettre** une **cravate** ? Il **hésite**. Non, cela n'irait pas avec sa **veste verte**. Il est prêt à **quitter** la maison. Il prend sa **bicyclette** et va chez Juliette avec une **cassette** de musique techno.

3 1. étudiante – 2. secrète – 3. maladroite – 4. cette – 5. toute petite – 6. chatte – 7. courte et nette.

④ Pâté ou omelette, Côtelette de mouton, Carottes, Tarte au citron.

⑤ 1. arrête – 2. cigarettes ; achète – 3. complètement – 4. prête ; jette.

Chapitre 25, R ou RR ?

Exercices p. 73

① 1. radio – 2. roman – 3. rivière – 4. regrets – 5. recette.

② 1. aller – 2. boire – 3. faire – 4. dormir – 5. mettre.

③ 1. terre / atterrir / terrasse / enterrer – 2. beurre / beurrer / beurrier – 3. horreur / horrifié / horrible / horrifiant – 4. correct / incorrect / corriger / correction.

④ 1. irresponsable – 2. irrégulier – 3. irréalisable – 4. irrespectueuse – 5. irremplaçable.

⑤ 1. ironique – 2. curriculum vitae – 3. courrier – 4. exagères – 5. erreur.

Chapitre 26, M ou MM ?

Exercices p. 75

① 1. amusant – 2. demande – 3. tramway – 4. automne – 5. diplôme – 6. maximum.

② 1. machine – 2. minuit – 3. métaux – 4. musique – 5. moteur.

③ 1. comédie – 2. omelette – 3. récemment – 4. dame – 5. commerce – 6. tomate – 7. immédiat – 8. famille – 9. diminuer – 10. grammatical.

④ 1. commander – 2. commissariat – 3. nommer – 4. programmer – 5. pommier – 6. grammatical – 7. immobilier – 8. communauté.

⑤ comique – immenses – grammes – emmené – dramatique.

Chapitre 27, N ou NN ?

Exercices p. 77

① 1. Une banane – 2. Une lune – 3. Une cheminée – 4. Une fenêtre.

② 1. matin – 2. bain – 3. maman – 4. vin – 5. volcan.

③ 1. semaine ; prochaine – 2. connais ; personne – 3. prunes –

4. téléphonez ; inutile – **5.** danse ; traditionnelle – **6.** une ; promenade ; tennis – **7.** année ; universitaire ; finit – **8.** étonnés ; **9.** ennuyeux – **10.** sonne.

4 **1.** Bonjour Anne, Comment vas-tu ? Maxime et moi, nous allons venir pour ton anniversaire. Nous voulons organiser une grande fête en ton honneur et inviter quelques personnes. Nous avons hâte de te voir. Nous t'embrassons, Lucie et Maxime.

Chapitre 28, L ou LL (1)

Exercices p. 79

1 **2.** Le soleil – **3.** La lune – **4.** Les étoiles.

Une nouvelle étudiante est arrivée aujourd'hui dans la **salle** de classe. Elle s'est assise à côté de Fabio, un **bel** Italien. Fabio lui a demandé **quelle** était sa nationalité. Elle a répondu **qu'elle** était **espagnole**.

2 Dans le mot **fille**.

3 **1.** folle – **2.** bel – **3.** nationale – **4.** nouvel – **5.** totale – **6.** idéale – **7.** intellectuelle – **8.** virtuelle.

4 **1.** appelle – **2.** appelez-vous – **3.** m'appelle – **4.** appel – **5.** avez appelé – **6.** appeler.

5 Un ballon (bas / long).

Chapitre 29, L ou LL ? (2)

Exercices p. 81

1 **1.** Un fauteuil – **2.** Une oreille – **3.** Un billet de banque.

2 **1.** juillet – **2.** meilleur – **3.** fille – **4.** famille.

Avri<u>l</u>.

3 **1.** gentille – **2.** travaille – **3.** accueille – **4.** conseille – **5.** conseils.

4 **1.** taille – **2.** réveille – **3.** sommeille – **4.** cueille – **5.** travaille.

5 Le portefeuille (la porte et la feuille).

Chapitre 30, J ou G ?

Exercices p. 83

1 **1.** le petit déjeuner – **2.** jeudi – **3.** janvier – **4.** jamais.

2 **1.** Je – **2.** J'y – **3.** j'ai – **4.** Je – **5.** j'en.

3   1. agence de voyage – 2. séjours à l'étranger – 3. Japon et Égypte – 4. Départs Juin ou Juillet.

4   Joël est sur la **plage**. Il y a des **gens** qui **nagent**, d'autres qui font de la **gymnastique**. Ce soir, il ira dîner dans le **jardin** d'une petite **auberge**. Il **mangera** du **jambon**, du **fromage** et des **oranges**. Ce sera **génial**. Une **jeune** fille avec une **jupe rouge** s'assoit à côté de lui. Elle est très **jolie**. Ils parlent un peu, elle lui dit qu'elle a trouvé un **logement** dans un **village** tout près d'ici. Ils ont le même **âge** et Joël la trouve **gentille** et **intelligente**. Il l'invite à boire un **jus** de fruit mais elle préfère aller **jouer** au volley avec ses amis. C'est **dommage**.

5   1. dirigeait – 2. dérangeaient – 3. changeons – 4. déménageons.

Chapitre 31, G ou GU ?

Exercices p. 85

1   1. gagner – 2. grand – 3. gros – 4. gauche – 5. grave – 6. gris.

2   longue.

3   1. grec – 2. portugais – 3. anglais – 4. espagnol.

4   1. organisée – 2. garer – 3. église – 4. fatigué – 5. élégant – 6. obligatoire – 7. Marguerite ; guérie – 8. bague.

5   1. collègue – 2. fatigant – 3. longues – 4. langue – 5. guerre.

Chapitre 32, C ou QU ?

Exercices p. 87

1   1. oncle – 2. capitale – 3. docteur – 4. cousin – 5. collègues.

2   1. question – 2. bibliothèque – 3. discothèque – 4. classiques – 5. quatre.

3   1. tabac (la lettre **c** n'est pas prononcée) – 2. franc (la lettre **c** n'est pas prononcée).

4   1. Marc ; quitter – 2. sympathique – 3. caractère – 4. tranquille ; calme – 5. manquer.

5   1. grec – 2. bancaire – 3. turque – 4. musicale – 5. publique.

Chapitre 33, C ou Ç ?

Exercices p. 89

1 1. difficile – 2. ciel – 3. musiciens – 4. prononciation – 5. cinéma – 6. cinq.

2 1. ça – 2. glacé – 3. C'est – 4. garçon ; glaçons – 5. Merci.

3 1. commencez-vous – 2. commençons – 3. placez – 4. plaçons – 5. annoncez – 6. annonçons.

4 1. commençais – 2. plaçait – 3. divorçait – 4. annonçait.

5 C'est un garçon (gare / sont).

Chapitre 34, C ou S ?

Exercices p. 91

1 1. actrice – 2. directrice – 3. traductrice – 4. douce.

2 1. Une souris – 2. Un poisson – 3. Un serpent.

3 1. ce soir – 2. pièce – 3. si ; policier – 4. merci ; déteste – 5. se décider – 6. Ce ; six – 7. sûr – 8. certaine – 9. Reste ; seul.

4 1. sans – 2. ce – 3. ce – 4. C'était – 5. se – 6. c'est – 7. s'habille ; s'aperçoit – 8. s'en.

5 Le cinéma (si / nez / ma).

Exercices p. 93

1 1. Cet, ce – 2. Ce, cet – 3. Ce, ce – 4. Ce, ce – 5. Cet, cet – 6. Ce, cet.

2 1. Ce ; se – 2. ce – 3. Ce – 4. Ce – 5. se – 6. ce – 7. se ; se.

3 1. s'est ; s'est – 2. s'est – 3. C'est – 4. c'est – 5. s'est – 6. C'est.

4 1. s'étaient – 2. C'était – 3. s'étaient – 4. C'était.

5 1. ces ; ces – 2. ses – 3. Ses – 4. ses – 5. ces – 6. ses.

Chapitre 35, S ou SS ?

Exercices p. 95

1 1. Soleil – 2. Mars – 3. Vénus – 4. Saturne.

2 1. détester – 2. restaurant – 3. anniversaire – 4. danser.

3 1. pianiste – 2. journaliste – 3. dentiste – 4. chimiste – 5. artiste.

4 1. sœur ; professeur ; brasserie – 2. terrasse ; jus – 3. chaussures ;

chaussettes – **4.** veste – **5.** assiette de poisson – **6.** assez ; dessert – **7.** tasse ; biscuit – **8.** pensait ; profession ; s'installer ; touristique ; Espagne.

5 **2.** ambassade – **3.** piscine – **4.** semaine – **5.** pessimiste – **6.** ascenseur – **7.** vitesse.

Chapitre 36, S ou Z ?

Exercices p. 97

1 **1.** Une maison – **2.** Une cuisine – **3.** Une télévision – **4.** Une valise.

2 **1.** mademoiselle – **2.** fraises – **3.** saison – **4.** quinze ou seize – **5.** peser – **6.** besoin d'autre chose – **7.** magazine ; télévision – **8.** Désolé – **9.** magasin.

3 **1.** Vou<u>s</u> avez – **2.** Alle<u>z</u>-y.

4 **1.** treize – **3.** zéro – **4.** quatorze – **5.** onze.

5 gaz.

Chapitre 37, CC et X

Exercices p. 99

1 **1.** café – **2.** chocolat – **3.** biscuit – **4.** D'accord – **5.** occupe.

2 **1.** accepté – **2.** Texas – **3.** mexicaine – **4.** succès – **5.** accent – **6.** expérience.

3 **1.** examen – **2.** explique – **3.** exercices – **4.** exacte – **5.** excellentes.

4 **1.** courageux – **2.** cheveux – **3.** heureux – **4.** aux – **5.** veux – **6.** peux – **7.** nouveaux – **8.** mieux.

Chapitre 38, Devant IE, ION, IEN : C, S ou T ?

Exercices p. 101

1 **1.** Croatie – **2.** pharmacie – **3.** diplomatie – **4.** démocratie.

2 **1.** fiction ; émission – **2.** production internationale – **3.** élections – **4.** passionnant – **5.** action.

3 question.

4 **1.** politicienne – **2.** mathématicien – **3.** musicienne – **4.** informaticien.

- **5** 1. égyptien – 2. anciens – 3. patient – 4. laotienne.
- **6** C'est un Martien.

Chapitre 39, La lettre H

Exercices p. 103

- **1** 1. heure – 2. hiver – 3. souhaite – 4. cahier.
- **2** 1. la honte – 2. la Hongroise – 3. l'habitant – 4. la hauteur – 5. le huit – 6. l'hygiène.
- **3** 1. son humeur – 2. cet homme – 3. mon habitude – 4. ce Hollandais.
- **4** 1. Des haricots – 2. Du thon – 3. Du thé – 4. Une bouteille de rhum – 5. Du chocolat.
- **5** 1. la Hollande contre la République tchèque – 2. la Thaïlande contre les Philippines – 3. le Chili contre Haïti – 4. le Ghana contre l'Éthiopie.
- **6** archéologue [k].

Chapitre 40, Les consonnes finales non prononcées (1)

Exercices p. 105

- **1** 1. Des étudiants français – 2. Des sacs rouges – 3. Des repas fantastiques – 4. Des palais blancs – 5. Des livres épais.
- **2** 1. Une souris – 2. Un tapis – 3. Un bras – 4. Un dos.
- **3** 1. mais – 2. dans – 3. Après – 4. depuis – 5. moins.
- **4** 1. J'ai plusieur~~s~~ cactus dans mon appartement. – 2. C'est une trè~~s~~ bonne crème pour le corp~~s~~. – 3. Il~~s~~ sont surpri~~s~~. – 4. Nou~~s~~ ne faison~~s~~ jamai~~s~~ de faute~~s~~. – 5. Mon ami anglai~~s~~ aime le~~s~~ repa~~s~~ françai~~s~~.
- **5** 1. dînons ; es – 2. vais – 3. vas – 4. va – 5. finis ; passe.

Chapitre 41, Les consonnes finales non prononcées (2)

Exercices p. 107

- **1** 1. désert – 2. aéroport – 3. lait – 4. art – 5. nuit. – *Mot vertical* : départ.
- **2** 1. biscuit – 2. dessert – 3. débat – 4. bruit.
- **3** 1. complet – 2. petit – 3. gratuit – 4. fort – 5. vert.

4 1. ticke~~t~~ ; aéropor~~t~~ ; plaî~~t~~ – **2.** veu~~t~~ ; harico~~t~~s ; ver~~t~~s –
3. conten~~t~~s ; gouvernemen~~t~~ – **4.** commen~~t~~ ; s'appellen~~t~~ ;
enfan~~t~~s – **5.** clien~~t~~s ; demanden~~t~~ – **6.** bientô~~t~~ ; li~~t~~ –
7. étudian~~t~~s ; accen~~t~~s ; différen~~t~~s – **8.** me~~t~~ ; peti~~t~~ ; po~~t~~ –
9. n'écri~~t~~ ; correctemen~~t~~ – **10.** attenden~~t~~ ; devan~~t~~ ; consula~~t~~.

Chapitre 42, Les consonnes finales non prononcées (3)

Exercices p. 109

1 1. tabac – **2.** allemand – **3.** estomac – **4.** boulevard – **5.** épinard – **6.** billard.

2 1. sac – **2.** stand – **3.** veufs – **4.** zigzag – **5.** outil – **6.** auto-stop – **7.** hier – **8.** index.

3 grand – monsieur – gentil – blanc – retard.

4 1. ennuyeux – **2.** estomac – **3.** long – **4.** champ.

5 1. veux – **2.** peux – **3.** peux – **4.** veux.

Corrigés Bilan (Consonnes) p. 27.

Chapitre 43, Le présent (1)

Exercices p. 117

1 1. étudies – **2.** invitent – **3.** commençons – **4.** entre – **5.** mangez – **6.** admire – **7.** continuent – **8.** apportes – **9.** aimons – **10.** cherchent.

2 1. Ils / Elles ; marcher – **2.** Nous ; corriger – **3.** Vous ; jouer – **4.** Nous ; commencer – **5.** Tu ; espérer – **6.** Ils / Elles ; jeter.

3 1. espérons – **2.** promène – **3.** appellent – **4.** Préférez – **5.** lève – **6.** emmène.

4 1. Ce soir, ils **sortent** et ils **espèrent** passer une bonne soirée. – **2.** Ce soir, je **sors** et j'**espère** passer une bonne soirée. – **3.** Ce soir, tu **sors** et tu **espères** passer une bonne soirée. – **4.** Ce soir, vous **sortez** et vous **espérez** passer une bonne soirée. – **5.** Ce soir, elle **sort** et elle **espère** passer une bonne soirée.

5 1. appelons ; invitons – **2.** applaudissent ; arrive – **3.** épelle ; sors – **4.** mangeons ; grossissons – **5.** emmenez ; partez – **6.** dorment ; dors – **7.** rougissez ; applaudis.

Chapitre 44, Le présent (2)

Exercices p. 119

1 1. bats – **2.** prennent – **3.** connaît – **4.** vendez – **5.** mettons. – *Mot vertical* : bravo.

② 1. Les invités – **2.** Tu – **3.** La secrétaire – **4.** Vous et vos amis – **5.** Ma femme et moi.

③ 1. veulent – **2.** mets – **3.** répond – **4.** savons – **5.** voient – **6.** comprennent – **7.** apprends – **8.** voyons.

④ 1. peux – pouvez – peux – pouvons – peut . *Infinitif* : pouvoir.
2. dois – devons – dois – devez – doit . *Infinitif* : devoir.

Chapitre 45, Le présent (3)

Exercices p. 121

① 1. sont – **2.** sommes – **3.** avez – **4.** ont – **5.** a – **6.** êtes – **7.** ai – **8.** as – **9.** avons – **10.** suis – **11.** est.

② 1. aller/vont – **2.** venir/viennent – **3.** aller/vais – **4.** venir/viens – **5.** aller/va – **6.** revenir/revient – **7.** aller/allez.

③ 1. dis – **2.** fais – **3.** faisons – **4.** disent – **5.** faut – **6.** écrit.

Chapitre 46, Le passé composé

Exercices p. 123

① 1. habiter – **2.** comprendre – **3.** maigrir – **4.** participer – **5.** voir – **6.** tester – **7.** choisir – **8.** offrir – **9.** envoyer – **10.** mettre.

② 1. Nous **avons joué** avec des allumettes. – **2.** Le chien **a mangé** mes chaussures. – **3.** **J'ai pris** la montre de ma mère. – **4.** Il **a écrit** sur les murs. – **5.** Il **a mis** du sel dans mon café. – **6.** **J'ai renversé** du vin sur la table.

③ 1. attendu – **2.** su – **3.** connu – **4.** aperçu – **5.** répondu – **6.** perdu – **7.** cru. – *Mot vertical* : descendu.

④ 1. Je **suis allé(e)** chez le docteur. – **2.** Je **suis entré(e)** dans la salle d'attente. – **3.** **J'ai lu** des magazines. – **4.** **J'ai regardé** ma montre. – **5.** Tout le monde **est passé** devant moi. – **6.** Je **me suis levé(e)**. – **7.** **J'ai demandé** à l'assistante. – **8.** Elle **m'a dit** : « C'est demain, votre rendez-vous ! »

Chapitre 47, Le futur simple

Exercices p. 125

① 1. présent – **2.** futur – **3.** futur – **4.** présent – **5.** futur – **6.** présent – **7.** futur.

② 1. Vous **recevez** une lettre et un colis. – **2.** Nous **mangeons** du chocolat. – **3.** Nous **grossissons**. – **4.** Les danseurs **font** un numéro. – **5.** Je **dois** m'inscrire à l'université.

3 1. Il **fera** beau partout en France. – **2.** Il y **aura** du soleil. – 3. Les nuages **disparaîtront**. – 4. La température **montera**. – 5. On pourra se baigner.

4 1. Pour le moment, sa femme et lui sont riches. – 2. Un jour, ma femme et moi serons riches.

Chapitre 48, Le féminin des noms

Exercices p. 127

1 1. pharmacienne – 2. championne – 3. sœur – 4. baronne – 5. chatte – 6. amie – 7. femme – 8. candidate – 9. fanatique – 10. adulte – 11. chienne. – *Mot vertical* : scientifique.

2 1. Sa sœur est caissière. – 2. Une étrangère a parlé avec la factrice. – 3. La skieuse qui descend est ma nièce. – 4. Ma mère est agricultrice. – 5. La paysanne a une fille. – 6. Je connais une Bretonne qui est romancière. – 7. Mon amie est une habituée de ce bar. – 8. La maîtresse d'école est aussi une chanteuse. – 9. L'actrice joue comme une déesse. – 10. La magicienne a appelé une spectatrice.

3 1. ingénieur – 2. journaliste – 3. éducatrice – 4. agricultrice – 5. cuisinière – 6. avocate.

Chapitre 49, Le féminin des adjectifs 1

Exercices p. 129

1 1. salée – 2. petite – 3. simple – 4. jolie – 5. charmante – 6. ronde – 7. générale – 8. calme – 9. rapide – 10. chaude – 11. froide – 12. carrée.

2 1. jeune – 2. mignonne – 3. intelligente – 4. riche – 5. attentionnée – 6. aimable – 7. naturelle.

3 1. entière ; coupée ; fines ; allégée – 2. rôtie ; béarnaise – 3. grosse ; râpée ; épaisse ; légère.

4 1. accidentelle – 2. piétonne – 3. dernière – 4. juste – 5. basse – 6. polie – 7. grise – 8. culturelle – 9. particulière – 10. curieuse.

Chapitre 50, Le féminin des adjectifs 2

Exercices p. 131

1 1. producteur – 2. meilleure – 3. créatrice – 4. menteuse – 5. flatteur.

② 1. Un garçon naïf – Une fille naïve – **2.** Un exposé objectif – Une discussion objective – **3.** Un directeur actif – Un association active – **4.** Un homme agressif – Une femme agressive.

③ 1. La température extérieure – **2.** Des vêtements neufs – **3.** Des filles sportives – **4.** Un cours de français intensif.

④ 1. molle – **2.** faux ; fausse – **3.** menteuse – **4.** fraîche – **5.** blanche – **6.** longue – **7.** meilleure – **8.** favorite – **9.** folle – **10.** vieille.

Chapitre 51, Le pluriel des noms

Exercices p. 133

① 1. singulier – **2.** pluriel – **3.** singulier et pluriel – **4.** pluriel – **5.** pluriel – **6.** singulier et pluriel – **7.** singulier et pluriel – **8.** singulier.

② 1. hôpitaux – **2.** radis – **3.** souris – **4.** métaux – **5.** feux – **6.** couteaux – **7.** détails – **8.** doigts – **9.** bras – **10.** eaux.

③ vœux – cadeaux – neveux – nièces – cartes – mercis – fêtes – travaux – bureaux – enfants.

Chapitre 52, Le pluriel des adjectifs

Exercices p. 135

① 1. Des fleurs odorantes – **2.** Des ordinateurs neufs – **3.** Des fruits frais – **4.** Des livres anciens.

② 1. régionales – **2.** régionaux – **3.** régionale – **4.** originales – **5.** originaux – **6.** originale – **7.** original – **8.** sérieuses – **9.** sérieux – **10.** sérieuse – **11.** sérieux.

③ 1. beaux – **2.** nouvelles – **3.** mauvais – **4.** faciles – **5.** faux – **6.** dangereux – **7.** oraux – **8.** agréables – **9.** nouvelles – **10.** originales.

Chapitre 53, Quel(s), quelle(s) ou qu'elle(s) ?

Exercices p. 137

① 1. horaires – **2.** destination – **3.** le tarif – **4.** gares – **5.** préférences.

② 1. Quelle idiote ! – **2.** Quelle chance ! – **3.** Quels égoïstes ! – **4.** Quelle surprise ! – **5.** Quelles folies !

3 1. quelle – 2. quelle – 3. qu'elle – 4. qu'elle – 5. Quelle.

4 1. quelles – 2. qu'elle – 3. qu'elle – 4. quel – 5. qu'elle.

5 1. c – 2. a – 3. d – 4. b

Corrigés Bilan (Orthographe grammaticale) p. 30.

Chapitre 54, Les nombres

Exercices p. 143

1 Trois cent quatre-vingts euros.

2 Deux cents euros.

3 Quatre cent quatre-vingt-onze francs suisses.

4 Soixante et onze dollars canadiens.

5 Cent vingt et un euros.

Chapitre 55, La lettre M devant M, B et P

Exercices p. 145

1 1. provençale ; grands ; champs ; lavande – 2. pense ; embrasse – 3. Mon ; voisin ; timbres ; anglais – 4. Bonjour ; ton ; nom ; comprends ; français – 5. invité ; ambassade ; colombienne.

2 1. Vendredi trente décembre – 2. Dimanche vingt janvier – 3. Jeudi vingt-cinq novembre – 4. Samedi onze septembre.

3 1. indélicat et indiscret – 2. incohérent et incompréhensible – 3. indélicat et imprudent – 4. injuste et insensible.

4 1. compter – 2. membre – 3. printemps – 4. mince – 5. ambulance – 6. interdit – 7. imparfait – 8. garçons.

5 1. gens – 2. timbre – 3. montagne – 4. champignon – 5. embarrassant.

Chapitre 56, -(S)SION ou -TION ?

Exercices p. 147

1 1. autorisation – 2. exposition – 3. organisation – 4. prononciation – 5. disparition – 6. éducation – 7. invention – 8. production – 9. inscription – 10. association.

2 1. la division – 2. la soustraction – 3. la multiplication – 4. l'addition.

3 1. Invasion – **2.** Augmentation ; population – **3.** Diminution – **4.** Exposition – **5.** production – **6.** Excursions – **7.** Préparation ; élection – **8.** décision.

4 1. question – **2.** nation – **3.** solution – **4.** passion – **5.** profession – **6.** pension. – *Mot vertical* : Station

5 1. proposition ; illusions – **2.** impression ; climatisation – **3.** télévision ; obsession.

Chapitre 57, Les adjectifs de nationalité

Exercices p. 149

1 1. belge – **2.** italien – **3.** irlandais – **4.** danois – **5.** anglais – **6.** marocain – **7.** espagnol – **8.** australien – **9.** français – **10.** iranien.

2 1. chilien – **2.** colombien – **3.** européen – **4.** égyptien – **5.** cubain – **6.** portugais – **7.** argentin – **8.** luxembourgeois – **9.** coréen – **10.** turc – **11.** panaméen – **12.** hongrois – **13.** grec.

3 mexicain – espagnol – anglais – mexicaine – vietnamienne – japonais – argentin.

4 1. hollandais – **2.** vietnamien – **3.** algérien – **4.** suisse – **5.** brésilien – **6.** vénézuélien. – *Mot vertical* : chilien.

Chapitre 58, Les noms d'origine étrangère

Exercices p. 151

1 1. jogging / footing – **2.** basket-ball – **3.** rugby – **4.** jockey.

2 1. parking – **2.** baby-sitter – **3.** sandwich – **4.** barbecue – **5.** shampooing – **6.** reporter.

3 1. jazz – **2.** bungalow – **3.** képi – **4.** toast – **5.** short – **6.** puzzle – **7.** scénario – **8.** stock – **9.** hall – **10.** express.

4 1. hamburger – **2.** ticket – **3.** wagon – **4.** torero / toréador.

Chapitre 59, Les mots invariables 1

Exercices p. 153

1 1. assez – **2.** beaucoup – **3.** ailleurs – **4.** après – **5.** avec – **6.** aujourd'hui – **7.** cependant.

2 1. dehors – **2.** depuis – **3.** jusqu'à – **4.** longtemps – **5.** d'abord – **6.** dans – **7.** davantage – **8.** loin – **9.** jamais – **10.** devant. – **11.** déjà – **12.** bientôt.

3 1. au-dessous – **2.** déjà – **3.** chez – **4.** là – **5.** Enfin – **6.** de – **7.** depuis – **8.** ailleurs – **9.** enfin – **10.** donc.

Chapitre 60, Les mots invariables (2)

Exercices p. 155

1 1. voici – **2.** pourtant – **3.** vers – **4.** quelquefois – **5.** quand – **6.** peut-être. – *Mot vertical* : souvent.

2 1. Pourtant – **2.** Voici – **3.** Quand – **4.** vers – **5.** souvent – **6.** Peut-être – **7.** quelquefois.

3 1. maintenant – **2.** mieux – **3.** par – **4.** plusieurs – **5.** parfois.

4 1. tôt ; toujours – **2.** Volontiers ; sans – **3.** trop ; très.

Chapitre 61, Les exceptions

Exercices p. 157

1 2. intelligemment – **5.** solennellement – **7.** femme – **8.** prudemment – **9.** solennel.

2 1. septembre – **2.** comptable – **3.** sculptures – **4.** baptisé – **5.** automne.

3 [k] : **2.** – **4.** – **5.** – [kw] : **1.** – **3.** – **6.**

4 1. temps – **2.** examen – **3.** messieurs – **4.** faim – **5.** pieds – **6.** monsieur – **7.** second.

Corrigés Bilan (Orthographe d'usage) p. 32.

Bilan (Voyelles)

Exercices p. 56

1 1. contrat ; déjà – **2.** chat ; pas ; là – **3.** Voilà ; va ; s'arrêter – **4.** Allez ; jusqu'à ; à – **5.** a ; à – **6.** apporté ; gâteau ; allons ; bateau – **7.** pâtes ; tomate – **8.** Ça.

2 1. gentil – **2.** sortie – **3.** Hier – **4.** voyage – **5.** prix – **6.** riz – **7.** plaît.

3 **Dictée. À la pâtisserie.**
– Bonjour madame, c'est combien le gâteau au citron, s'il vous plaît ?
– Six euros.
– Et la boîte de chocolats ?
– Dix euros.

– Et la tarte avec des fruits ?
– Quatre euros, mais décidez-vous, monsieur !
– Ne vous fâchez pas ! Regardez, il n'y a personne dans votre boutique !

4 1. dos – 2. pot – 3. drôle – 4. impôts – 5. votre école ; nôtre – 6. Aussitôt – 7. maillot – 8. hôpital.

Exercices p 57

5 1. chevaux ; château – 2. automne ; oiseaux – 3. nouveau ; restaurant – 4. beauté – 5. gâteau ; aux – 6. eau ; mauvaise – 7. autobus ; au – 8. sauté ; veau.

6 **Dictée. Maud et Olivier à la plage.**
Il fait beau et chaud aujourd'hui et les enfants mettent leur maillot pour aller à la plage. Ils font un château de sable. C'est Olivier qui commande et, avec un seau, Maud va chercher de l'eau. Elle trouve que ce n'est pas drôle, alors elle retourne à l'hôtel.

7 1. futur – 2. goût – 3. sucre – 4. coûter – 5. confiture – 6. flûte – 7. court – 8. usure – 9. août.

8 1. cahier ; papier – 2. dernier – 3. congé – 4. dictée.

9 **Dictée. Olivier adore faire la cuisine.**
Après le lycée, Olivier n'a pas voulu entrer à l'université. Il a préféré apprendre un métier. Il est devenu cuisinier. C'est une bonne idée, car il adore voyager. Il est allé travailler dans plusieurs pays. Cet été, il est retourné en France et a présenté les spécialités des pays où il a travaillé.

Exercices p. 58

10 1. faire – 2. prêt à mettre – 3. cher – 4. père – 5. cette.

11 1. après – 2. très – 3. arrêt – 4. vert – 5. caractère – 6. forêt – 7. tête – 8. près – 9. actuel – 10. merci.

12 1. fenêtre – 2. neige – 3. première – 4. Laisse – 5. Dépêche-toi ; s'il te plaît.

13 **Dictée. La promenade de Gisèle.**
Gisèle se promène avec son frère. Ils traversent un petit village près d'une forêt. Comme il fait très chaud, ils s'arrêtent dans une auberge. Gisèle commande une crème glacée à la fraise et son frère voudrait une bière. Le propriétaire de l'auberge s'excuse, il n'y a plus de bière. Il conseille un jus de raisin. Il a raison, le jus de raisin est très frais.

14 1. accueil – 2. généreux – 3. œuf – 4. Malheureusement – 5. vieux.

Exercices p. 59

15 **Dictée. L'artiste.**
Mon neveu veut devenir artiste. Il a fait la peinture d'une jeune fille qui cueille des fleurs. La fille a un seul œil au milieu du visage et ses cheveux sont bleus. Il croit sérieusement que c'est une œuvre d'art. Malheureusement, je crois que la critique ne fera pas le meilleur accueil à ce jeune créateur.

16 Voyage, voix, vois, vouvoyer, envois, envoyer, joyeux, choix, choisi, choyer, croix, crois, tutoyer, trois, nettoyage, boîte, bois.

17 **1.** Une journée de liberté – **2.** La joue et le cou – **3.** La beauté et la santé – **4.** Une rue de banlieue – **5.** La venue de mon neveu.

18 **Dictée. Denys n'a pas assez d'argent.**
Denys veut faire un cadeau à sa petite amie. Il entre dans une bijouterie et demande à voir les bracelets. Un bracelet lui plaît beaucoup, il est superbe mais cher. Denys regarde dans son portefeuille. Il lui manque douze euros. Que faire ? Le bijoutier lui propose d'aller chercher de l'argent à la banque et de revenir. Pendant ce temps, il préparera un beau paquet cadeau. Denys accepte.

19 **1.** à ; a – **2.** du ; mûrs – **3.** la ; où – **4.** sur – **5.** là.

Exercices p. 60

20 **Dictée. Autour de la tour Eiffel.**
Au mois d'août, il y a toujours beaucoup de touristes dans cette boutique. Ils veulent tous acheter des souvenirs ou des cartes postales pour leurs amis. Certains objets ne sont pas d'un très bon goût, mais ils ne coûtent pas cher. Où se trouve cette boutique ? À côté de la tour Eiffel.

21 **1.** cousin ; injuste – **2.** s'installer ; jardin – **3.** matin ; juin – **4.** simplement ; un ; vin – **5.** invité ; aucun – **6.** un ; parfum – **7.** un ; mince ; brun – **8.** fin.

22 **1.** éteindre – **2.** mien – **3.** pain – **4.** châtain – **5.** cubain – **6.** certain – **7.** viens. – *Mot vertical* : ceinture.

23 **Dictée. Le rendez-vous de Damien à Amiens.**
C'est lundi matin et Damien prend le train pour Amiens. Il a un entretien à onze heures pour un poste d'informaticien dans une société américaine. Mais il y a un incident : le train est arrêté. C'est certain, il va être en retard. Il arrive à Amiens à midi !
Le directeur lui dit : « Aucun problème, je vous invite à déjeuner ! ».

Exercices p 61

24 **1.** Combien – **2.** prénom – **3.** pont – **4.** habitons – **5.** Pardon – **6.** ombre – **7.** Monter – **8.** Tomber – **9.** Compagnie – **10.** Complet.

25 **Dictée. Raymond et les nombres.**
Raymond apprend les nombres en anglais. Son professeur lui dit de faire attention et de compter jusqu'à onze. Il lui montre le tableau, mais Raymond ne comprend pas. Il est complètement perdu. Il ne peut pas répondre. C'est peut-être le professeur qui est incompétent !

26 1. tante ; vraiment ; souriante – 2. accent ; allemand ; quand ; français – 3. Maman ; entends – 4. enfant – 5. Pendant ; vacances ; parents – 6. En ; janvier ; président ; gouvernement.

27 **Dictée. Les quarante ans de maman.**
Dimanche, maman a quarante ans. Je vais acheter des croissants que nous allons manger tous ensemble. J'ai inventé une chanson pour elle. Je pense qu'elle n'est pas très contente d'avoir quarante ans mais tant pis, nous allons quand même faire une grande fête.

28 1. Lyon – 2. n'y – 3. s'y – 4. Si.

Bilan (Consonnes)

Exercices p. 110

1 1. apporter – 2. passer – 3. frapper – 4. réparer – 5. rappeler – 6. appuyer – 7. porter – 8. zapper.

2 1. adorent – 2. beurre – 3. aéroports – 4. arrondissements – 5. erreur – 6. Derrière.

3 1. commerce – 2. gymnastique – 3. programme – 4. drame – 5. grammaire – 6. automne.

4 1. ordinateur – 2. ennuyeuse – 3. passionnant – 4. antenne – 5. Donnez ; téléphone – 6. venir.

Exercices p. 111

5 **Dictée. Un roman policier.**
C'est l'histoire d'un homme qui vit apparemment seul. Personne ne le connaît. Un jour, il arrive à la police et annonce qu'il a commis un crime. La police n'apprend rien de plus sur le crime et trouve que ce personnage est bizarre. Coupable ou innocent ? Lisez le nouveau roman policier de la semaine.

6 1. philosophie – 2. office – 3. informations – 4. offre – 5. téléphone – 6. différence.

7 **Dictée. Fabio est en voyage.**
Fabio est photographe de mode. Il vient en France pour ses affaires. Son hôtel est confortable. Le matin, il téléphone pour confirmer ses rendez-vous. Avant l'arrivée du chauffeur de taxi à

neuf heures, il va prendre son petit déjeuner. L'hôtel offre un buffet magnifique. Fabio est très satisfait sauf pour une chose. En effet, le café n'est pas assez fort.

8   **1.** étudiant en littérature – **2.** sa spécialité : le théâtre – **3.** à l'université à bicyclette – **4.** bibliothèque ; auteurs.

9   **Dictée. Elisabetta visite Chartres.**
Elisabetta est italienne. Cette touriste vient de visiter la cathédrale de Chartres. Elle entre maintenant dans un petit salon de thé à côté de la cathédrale. La serveuse n'est pas très sympathique. Elle ne fait pas attention à cette cliente étrangère. Elisabetta attend longtemps. Elle n'est pas contente du tout et quitte le salon de thé.

Exercices p. 112

10   **1.** seule – **2.** travaille – **3.** appels – **4.** quelle – **5.** travail – **6.** normal ; nouvelle.

11   **Dictée. Marlene vit à Bruxelles.**
Elle s'appelle Marlene. Son père est allemand et sa mère est hollandaise. Elle travaille à Bruxelles. Elle est jolie, blonde et très élégante. Elle s'habille toujours dans les meilleurs magasins de la ville. Cette belle fille intelligente et gentille est célibataire. Elle aime vivre seule et tranquille.

12   **1.** jeune – **2.** déjà – **3.** ingénieur – **4.** jeu – **5.** intelligent et original.

13   J'ai fait un voyage en Angleterre. Quand je suis arrivé, j'ai perdu la moitié de mes bagages. Les visites étaient fatigantes et le guide n'était pas sympathique. Je ne comprenais pas la langue anglaise. Le pire : tout le monde conduit à gauche.

14   **Dictée. Trop de sport.**
Jeudi dernier, j'ai fait de la gymnastique, j'ai nagé et j'ai joué au tennis avec un collègue. Je suis plus âgé que lui mais j'ai gagné. Aujourd'hui, je me sens très fatigué. Je ne peux plus bouger les jambes et mon genou me fait mal. Le docteur m'a dit que ce n'était pas grave et que je serais vite guéri.

Exercices p. 113

15   **1.** document – **2.** occasion – **3.** occupé – **4.** banque – **5.** D'accord.

16   **1.** français – **2.** seul ; Personne – **3.** difficile – **4.** leçon – **5.** exercices ; prononciation – **6.** absolument ; félicite.

17   **1.** inspecteur – **2.** ministre – **3.** commissaire – **4.** artiste – **5.** professeur – **6.** journaliste.

18   **Dictée. Cécile aime Céline Dion.**
– C'est l'anniversaire de Cécile la semaine prochaine. Elle va avoir dix-sept ans. Est-ce que je vais lui offrir une bande dessinée ou une place de cinéma ? C'est difficile de se décider.

– Je sais qu'elle s'intéresse à Céline Dion. Tu devrais lui acheter une cassette de cette artiste. De cette façon, c'est sûr qu'elle appréciera ton cadeau.
– C'est une bonne idée. Je te remercie.

Exercices p. 114

19 Rendez-vous à quinze heures devant l'entrée du zoo pour la visite organisée.

20 **Dictée. Françoise donne un cours particulier.**
La voisine de Françoise étudie la langue française. Elle est anglaise. Françoise lui a proposé de l'aider. Aujourd'hui, de quatorze à seize heures, elles ont étudié les conjugaisons, surtout le passé composé. À seize heures, elles se disent qu'elles ont assez travaillé. C'est le moment de s'amuser : regarder la télévision, lire un magazine ou écouter de la musique.

21 **1.** Extraordinaire – **2.** Excellent – **3.** Quel succès – **4.** Une expérience.

22 **Dictée. Éric a perdu son argent.**
Éric est inquiet. Il ne retrouve pas son sac. Dans le sac, il y avait son carnet de chèques avec sa carte bancaire. Il va donc très vite à la banque. Le directeur lui pose des questions, mais Éric ne se souvient pas exactement quand ni dans quel quartier il a perdu son sac. Le directeur lui explique qu'il va bloquer son compte. Éric est d'accord.

23 **1.** pharmacienne – **2.** diplomatie – **3.** musicien – **4.** émissions – **5.** traductions.

24 **1.** J'habite – **2.** de huit – **3.** le haut – **4.** l'hiver.

Exercices p. 115

25 **Dictée. Hugo est malade.**
Hugo a un rhume. Il a l'habitude, tous les hivers, c'est la même histoire. Il habite dans un petit hôtel mal chauffé. Hier soir, il a bu un thé avec du rhum et s'est couché à huit heures. Aujourd'hui, il va mieux. Il est de bonne humeur.

26 **1.** cas précis – **2.** mauvais dessert – **3.** jus ; gratuit – **4.** printemps froid – **5.** Plusieurs nuits – **6.** prends ; repas complet – **7.** prend ; poids – **8.** ailleurs – **9.** doigt – **10.** départ.

27 **1.** estomac – **2.** prix – **3.** œufs – **4.** Quand – **5.** messieurs – **6.** yeux – **7.** boulevard – **8.** animaux – **9.** canard – **10.** souris – **11.** bœufs – **12.** sirop – **13.** tard – **14.** gentil – **15.** pieds – **16.** long moment.

28 **Dictée. Il était une fois.**
Dans un pays, très loin, une princesse dort dans un grand palais

depuis très longtemps. Le prince charmant, son héros, arrive. Il regarde tristement la princesse un long moment. Elle a un visage parfait. Il l'embrasse. Elle ouvre les yeux et tout le monde connaît la fin de l'histoire.

Bilan (Orthographe grammaticale)

Exercices p. 138

1 1. Nous **mangeons** moins et nous **maigrissons**. – 2. Vous **vous levez** et vous **partez**. – 3. Mes parents **possèdent** une maison à Nice. 4. Nous **achetons** des journaux et nous les **jetons**. – 5. Ils **choisissent** des pommes et les **achètent**.

2 **Dictée. Devinez la profession de M. Ferry.**
Il se lève et il pense à sa journée. Il mange bien et il part pour le collège. Il apporte ses livres. Il commence sa journée par l'appel. Il organise, il parle, il explique, il épelle les mots, il prépare des exercices. Il finit sa journée à seize heures et il rentre à la maison. Il corrige les exercices et pense déjà à demain.

3 veux – vois – prends – mets – dois – sais – veux.

4 **Dictée. La bouteille de vin.**
Tu veux une bouteille de vin ? Tu prends la clé. Tu ne la perds pas. Tu descends à la cave. Tu prends une bouteille. Tu connais bien les vins, n'est-ce pas ? Tu remontes à la cuisine, tu remets la clé en place, et là, tu peux servir la bouteille à tes amis. Tu vois, c'est facile !

Exercices p. 139

5 **Dictée. Bruno va à la poste.**
Bruno a une lettre à la main et marche vers la poste. Il écrit à ses grands-parents qui sont en Espagne. Ils ne viennent pas souvent en France. Ils disent qu'il fait trop froid à Paris. Mais tous les ans, Bruno et ses parents font un tour dans le pays et vont les voir.

6 1. mis – 2. vu – 3. mangé – 4. offert – 5. descendu – 6. né – 7. fini – 8. écrit.

7 **Dictée. Au commissariat de police.**
– Racontez-nous ce qui s'est passé hier, monsieur.
– Je me suis levé à sept heures et j'ai pris mon petit déjeuner. Le facteur est arrivé et il m'a donné mon courrier. J'ai lu le journal pendant trente minutes et j'ai entendu sonner à la porte. J'ai ouvert et j'ai vu un inconnu. Il a sorti un revolver de sa poche et il m'a dit de lui donner tout mon argent.

8   1. aller – **2.** prendre – **3.** savoir – **4.** choisir – **5.** avoir – **6.** voir – **7.** être – **8.** venir.

Exercices p. 140

9   **Dictée. Chez la voyante.**
Vous rencontrerez bientôt la femme de votre vie. Elle sera grande et belle. Vous sortirez beaucoup et vous ferez des voyages. Vous vendrez votre maison et vous irez vivre en Australie. Vous apprendrez l'anglais. Vous vous marierez et vous aurez trois enfants. Vous serez très heureux et vous deviendrez riche.

10   1. une charcutière – **2.** une spectatrice – **3.** un professeur – **4.** une princesse – **5.** une championne.

11   1. grasse – **2.** curieux – **3.** heureuse – **4.** gros – **5.** chauffée – **6.** breton – **7.** naturel – **8.** calme – **9.** italienne – **10.** principale.

12   1. nouveau – **2.** frais – **3.** protecteur – **4.** intérieur – **5.** vieux.

13   **Dictée. La ville de Francesco.**
Francesco habite dans une jolie ville italienne. Il y a la ville haute avec ses quartiers modernes et la ville basse qui est plus ancienne. Il y a des rues piétonnes et des boutiques variées. La femme de Francesco est directrice du théâtre. Elle est très dynamique et elle organise de nombreuses activités culturelles.

Exercices p. 141

14   1. sérieux – **2.** mauvaises – **3.** sociaux – **4.** délicieux – **5.** normales – **6.** heureux – **7.** faux – **8.** gris.

15   **Dictée. La télévision.**
À la télévision, je regarde les documentaires sur les animaux ; j'aime particulièrement les chevaux que je trouve très beaux et intelligents. Je regarde aussi les jeux culturels. Les émissions politiques sont trop compliquées et trop sérieuses pour moi. Parfois, il y a des films intéressants.

16   1. Quelle – **2.** qu'elles – **3.** quelle – **4.** Quelles – **5.** Quel – **6.** qu'elle – **7.** quelle – **8.** quel.

17   **Dictée. Une invitation à dîner.**
– On va dîner chez ma sœur ce soir.
– Quelle bonne idée ! C'est à quelle heure ?
– Je crois qu'elle a dit vingt heures.
– Je mets quelle cravate ?
– Mets la nouvelle, la verte.
– D'accord, et quelles chaussures ?
– Mets les noires.

Bilan (Orthographe d'usage)

Exercices p. 158

1 **Dictée. Les Alpes.**
Si vous aimez la campagne et la montagne l'été, allez par exemple dans les Alpes. Il faut emporter à manger et à boire. Il faut compter au moins un litre d'eau par personne. Pensez à prendre un pull car la température est plus froide au sommet. Marchez prudemment pour ne pas tomber.

2 1. mexicaine – 2. danois – 3. anglaise – 4. américain – 5. belge – 6. japonaise – 7. colombienne – 8. français.

3 1. hamburger – 2. scénario – 3. cocktail – 4. confetti – 5. cake.

4 1. déjà – 2. longtemps – 3. au-dessous – 4. d'abord.

Exercices p. 159

5 1. décision – 2. profession – 3. discussion – 4. élection – 5. télévision.

6 **Dictée. Pas facile de parler français !**
– Tu habites en France maintenant ?
– Oui, mais je ne parle pas bien français, pourtant je prends des cours.
– Tu parles souvent avec des Français ?
– Quelquefois, mais ils ne me comprennent jamais et ils me parlent toujours en anglais.
– Je vais te donner des cours particuliers et ça ira mieux.
– Volontiers !

7 1. ailleurs – 2. davantage – 3. plusieurs – 4. près – 5. mieux – 6. trop – 7. aussitôt – 8. vers – 9. sans – 10. mille

8 1. pt – 2. d – 3. emm – 4. r – 5. qu – 6. emm – 7. pt.

Activités communicatives (Les voyelles)

Exercices p. 160

1 cours~~es~~, supermarché, achè~~te~~, avoca~~t~~, harico~~ts~~, ver~~ts~~, frui~~ts~~, êtr~~e~~, abrico~~ts~~, gros, ri~~z~~, po~~t~~, chocola~~t~~, Parfai~~t~~, pren~~ds~~, sac, par~~s~~, genti~~l~~.

2 1. bateau – 2. train – 3. avion – 4. hydroglisseur – 5. voiture – 6. bicyclette – 7. hélicoptère – 8. ferry – 9. camion – 10. soucoupe volante.

Exercices p. 161

3 1. Tous les goûts sont dans la nature. – 2. Petit à petit, l'oiseau fait son nid. – 3. La nuit, tous les chats sont gris. – 4. Tel père, tel fils. – 5. Qui dort dîne. – 6. Après la pluie, le beau temps. – 7. C'est l'arbre qui cache la forêt. – 8. Il n'y a pas de fumée sans feu. – 9. Impossible n'est pas français. – 10. Qui vole un œuf vole un bœuf.

4

Ex. 1	2	3	4	5	6	7	8	9	10
c	h	a	e	j	f	b	i	g	d

Exercice p. 162

6 À la claire fontaine
M'en allant promener
J'ai trouvé l'eau si belle
Que je m'y suis baigné

Il y a longtemps que je t'aime
Jamais je ne t'oublierai.

Sous les feuilles d'un chêne
Je me suis fait sécher
Sur la plus haute branche
Un rossignol chantait

Il y a longtemps que je t'aime
Jamais je ne t'oublierai.

Chante rossignol, chante
Toi qui as le cœur gai
Tu as le cœur à rire
Moi je l'ai à pleurer

Il y a longtemps que je t'aime
Jamais je ne t'oublierai.

Exercice p. 163

 1. Châtain – 2. Chaleur – 3. Chameau – 4. Château – 5. Chasseur – 6. Chapeau

Activités communicatives (Les consonnes)

Exercice p. 163

1 réponds, annonce, demande, correspond, compétences, effet, étudié, connais, différents, programmes, aussi, appris, comptabilité, pourrai, commencer, semaine, prochaine, acceptez, recevoir, afin, interroger, apporterai, documents, nécessaires, Cordialement.

Exercices p. 164

2 E (Musée).

3 1. mois – 2. boules – 3. chapeaux – 4. cartes – 5. pois.

Exercices p. 165

4 1. Harry Covert (haricot vert) – 2. Guy Tard (guitare) – 3. Anne Iversaire (anniversaire) – 4. Tom Hatte (tomate) – 5. Marie Time (maritime).

5 1. Cigare (si + gare) – 2. Cartable (car + table) – 3. Saucisse (seau + six) – 4. Orange (or + ange) – 5. Lunettes (lune + êtes).

Exercices p. 166

6 douze, vin fin, bordeaux, boissons, à jeter, auront, vais la faire.

7 a. Chaud, sur : chaussure – b. Cou, tôt : couteau – c. A, sans, sœur : ascenseur – d. S, pris : esprit.

Activités communicatives (L'orthographe grammaticale)

Exercice p. 167

1 Chère Françoise,
J'espère que tu vas bien. John et moi, nous sommes bien rentrés à New York. Nous avons passé de très bonnes vacances à Paris. Dans quelques jours, nous commençons les cours à l'université. On se lève très tard à cause du décalage horaire mais ça ira mieux bientôt. Dans l'avion, on a rencontré un jeune Français qui va travailler à New York, il s'appelle Patrick et il connaît bien ta rue à Paris, il habite juste à côté de chez toi !
Nous t'embrassons,
Jenny et John

Exercices p. 168

2 peux, prends, perdu, avez, réservé, fait, avez, crois, écrit, donnez, réédite, peut, est, devrez, ferai.

3 *Propositions de réponses :* a. Il prend le TGV pour Avignon. – b. Il va au guichet de la gare parce qu'il a perdu son billet de TGV. – c. Il a acheté son billet sur Internet. – d. L'agent peut rééditer sans problème le billet de Julien parce qu'il a gardé le numéro de réservation. – e. Quand le contrôleur passera, Julien devra lui montrer son billet et sa carte d'identité.

4   1. Paola, c'est ma voisine chilienne. – 2. Jane est une journaliste économique. – 3. Julie est une sportive internationale. – 4. Sophie est une jeune fille naïve. – 5. Paula est directrice administrative.

Exercices p. 169

5   *Déjeuner du matin*

Il **a mis** le café
Dans la tasse
Il **a mis** le lait
Dans la tasse de café
Il **a mis** le sucre
Dans le café au lait
Avec la petite cuiller
Il **a tourné**
Il **a bu** le café au lait
Et il **a reposé** la tasse
Sans me parler
Il **a allumé**
Une cigarette
Il **a fait** des ronds
Avec la fumée
Il **a mis** les cendres
Dans le cendrier
Sans me parler
Sans me regarder
Il **a mis**
Son chapeau sur sa tête
Il **a mis** son manteau de pluie
Parce qu'il pleuvait
Et il **est parti**
Sous la pluie
Sans une parole
Sans me regarder
Et moi j'**ai pris**
Ma tête dans ma main
Et j'**ai pleuré**.

Il **a mis** les cendres
Dans le cendrier
Sans me parler
Sans me regarder
Il **a mis**
Son chapeau sur sa tête
Il **a mis** son manteau de pluie
Parce qu'il pleuvait
Et il **est parti**
Sous la pluie
Sans une parole
Sans me regarder
Et moi j'**ai pris**
Ma tête dans ma main
Et j'**ai pleuré**.

Jacques Prévert, « Déjeuner du matin » *in* Paroles, © Gallimard.

7   1. dansez – 2. applaudissent – 3. pars, Peux – 4. m'appelle – 5. préfère – 6. je, tu – 7. voient – 8. Je suis, tu es, il est, nous sommes, vous êtes, ils sont – 9. J'ai, tu as, il a, nous avons, vous avez, ils ont – 10. vont – 11. J'ai bien dormi – 12. croire – 13. est tombé – 14. s'est douché – 15. Nous avons des enfants et nous sommes très heureux. – 16. chatte – 17. boulangère – 18. parisienne – 19. neuve – 20. Un radis, deux radis – 21. singulier et pluriel : un tapis, des tapis – 22. neveux – 23. couteaux – 24. sèche-cheveux – 25. pluriel : des jeux (singulier : un jeu) – 26. vœux – 27. journaux –

28. gris – 29. yeux – 30. frais – 31. Des hôpitaux régionaux – 32. curieux – 33. Où sont les nouveaux centres commerciaux ? – 34. charmantes – 35. dangereuse – 36. épaisses – 37. Quelles bonnes actrices ! – 38. Ces tomates sont mauvaises, elles ne sont pas fraîches. – 39. Quelle – 40. qu'elles.

Activités communicatives (L'orthographe d'usage)

Exercices p. 171

1 a. 01 43 36 78 46 : zéro un, quarante-trois, trente-six, soixante-dix-huit, quarante-six – b. 03 28 96 12 00 : zéro trois, vingt-huit, quatre-vingt-seize, douze, zéro, zéro – c. 02 60 12 80 11 : zéro, deux, soixante, douze, quatre-vingts, onze – d. 06 22 45 60 15 : zéro six, vingt-deux, quarante-cinq, soixante, quinze – e. 04 88 80 19 13 : zéro quatre, quatre-vingt-huit, quatre-vingts, dix-neuf, treize.

2 1. allemands – 2. espagnole – 3. Turc (majuscule car c'est un nom de nationalité) – 4. anglaise – 5. chinois.

Exercices p. 172

3 1. pizza – 2. hamburgers – 3. paella – 4. spaghettis – 5. steack.

4 1. permission – 2. population – 3. division – 4. élection – 5. télévision – 6. prononciation – 7. diminution – 8. natation – 9. questions – 10. passion.

Exercices p. 173

5 1. demain – 2. jamais – 3. tôt – 4. bien – 5. avec – 6. moins – 7. loin – 8. après.

6 jamais, bien, loin, avec, demain, tôt, moins, après.

Jeu de l'oie de l'orthographe pp. 174-175

1. Un château – 2. Une boîte – 3. chômage – 4. aux – 5. Une flûte – 6. Août – 7. fumer – 8. entrée – 9. Une rivière – 10. anniversaire – 11. voyelles – 12. Un cœur – 13. t' – 14. pluie – 15. lycée – 16. Un nez – 17. n'y – 18. à – 19. printemps – 20. Peintre – 21. Un champignon – 22. Avant – 23. à l' – 24. Une enveloppe – 25. Un fantôme – 26. Difficile – 27. pleut – 28. *Avancez d'une case* – 29. Une chaussette – 30. La Terre – 31. Un immeuble (ou un bâtiment) – 32. Un annuaire – 33. Un ballon – 34. Un billet – 35. Quatorze – 36. Un ascenseur – 37. appelles – 38. mets – 39. écrit – 40. fera – 41. actrice – 42. bonne (ou heureuse) – 43. Une souris – 44. fraîche

– **45.** Quel – **46.** Mille neuf cent quatre-vingt dix-neuf – **47.** Une ambulance – **48.** *Avancez d'une case* – **49.** Un tambour – **50.** Une addition – **51.** *Reculez d'une case* – **52.** colombien – **53.** Un sandwich (ou sandwiche) – **54.** Aujourd'hui – **55.** Toujours – **56.** Messieurs – **57.** faim.

N° d'édition : 10280515 – Dépôt légal : juin 2019

Achevé d'imprimer en janvier 2022
sur les presses numériques de l'Imprimerie Maury S.A.S.
Z.I. des Ondes – 12100 Millau
N° d'impression : L21/70394N

Imprimé en France